Henry Büttner

MÄNNER SIND AUCH MENSCHEN

Eulenspiegel Verlag

Männer sind stark ...

»Du bist der geborene Sieger!«

»So etwas Schlappes!«

»Ich warne Sie, auch ich bin nur ein Mensch aus Fleisch und Blut!«

»Sie werden erleben, daß ich in Augenblicken großer Begeisterung weit über mich selbst hinauswachse!«

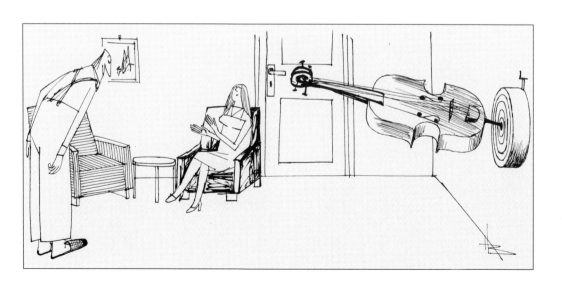

»Was? Du wagst es, mir die Zähne zu zeigen?«

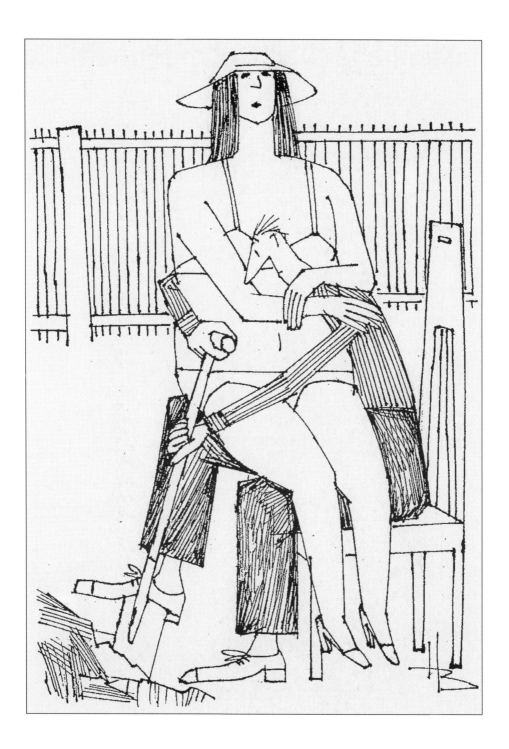

Männer geben Geborgenheit ...

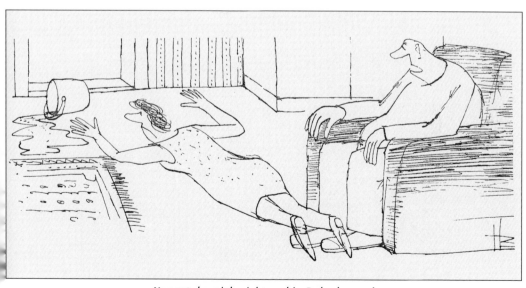

»Kannst du mich nicht mal in Ruhe lassen!«

»Siehst du, jetzt lernst du auch noch
den Ernst des Lebens kennen!«

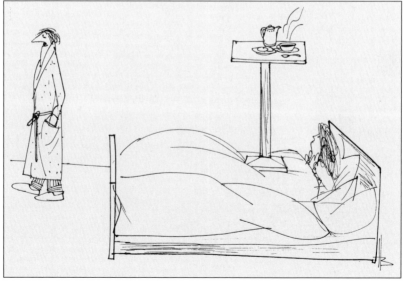

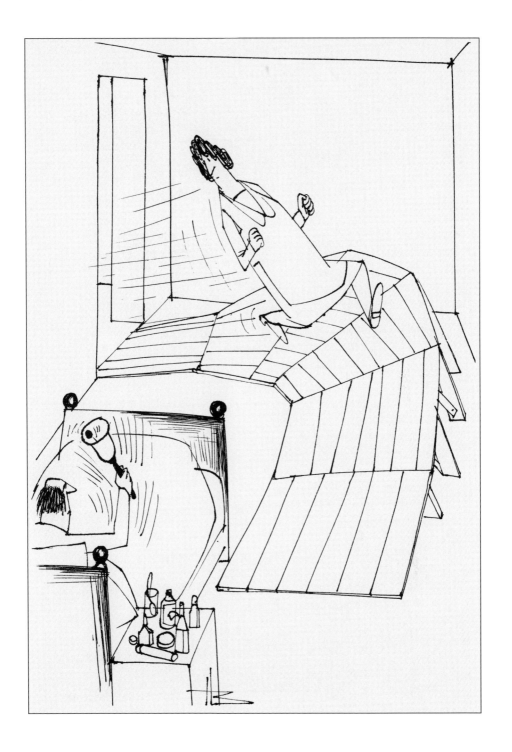

»Wenn du nicht das Gefühl hättest gebraucht zu werden,
würdest du dir sicher wertlos vorkommen!«

Männer brauchen Zärtlichkeit ...

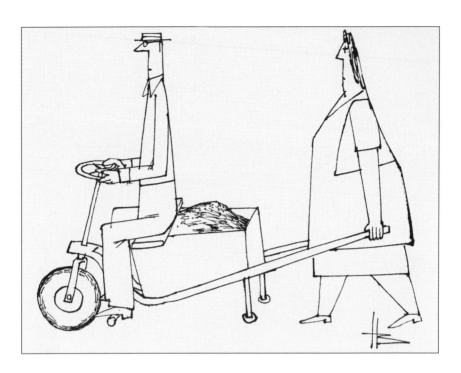

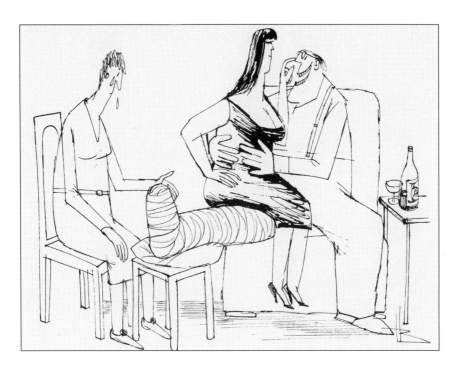

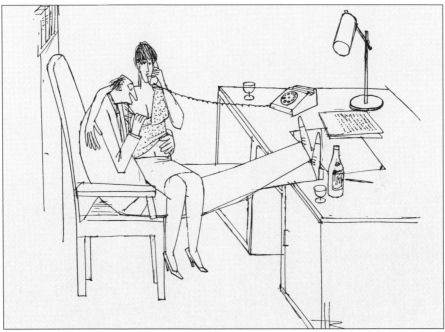

»Ihr Mann hat schon wieder die Beine auf dem Schreibtisch!«

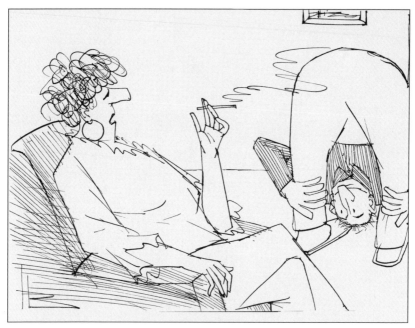
»Nee, auch so gefällt mir dein Gesicht nicht mehr besonders!«

»Zwei Kinder habe ich großgezogen, aber keins kommt und kämmt mir mal die Haare!«

»Ich hab doch gesagt, daß du ein wunderbarer Mensch bist!«

»Siehst du, es gibt auch seriöse Typen von dieser Sorte!«

Männer haben niemals Zeit ...

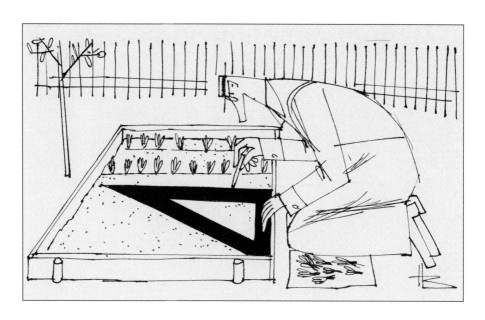

»Und wann wirst du endlich deine Schuhe putzen?«

»Das sind keine Akten!«

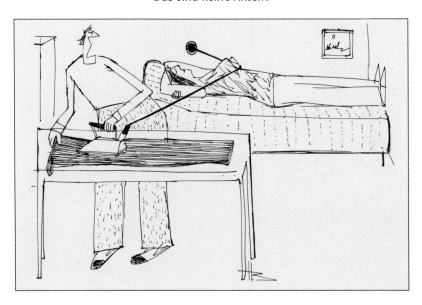

»Immer mußt du etwas tun; ruh' dich doch auch mal richtig aus!«

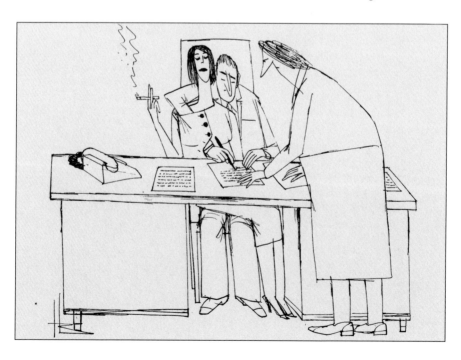

Männer sind so hilfsbereit ...

Männer sind klug ...

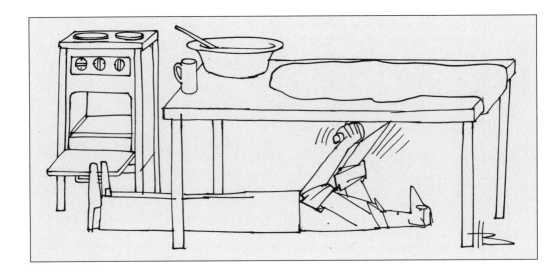

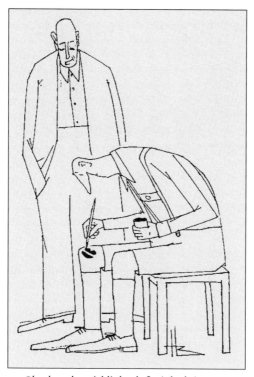

»Glaubst du wirklich, daß sich deine Frau deshalb scheiden läßt?«

»Irgendeinen Grund muß es doch haben, daß Frauen länger leben als Männer.«

»Du gehörst zu den Männern, die intelligenter aussehen als sie sind!«

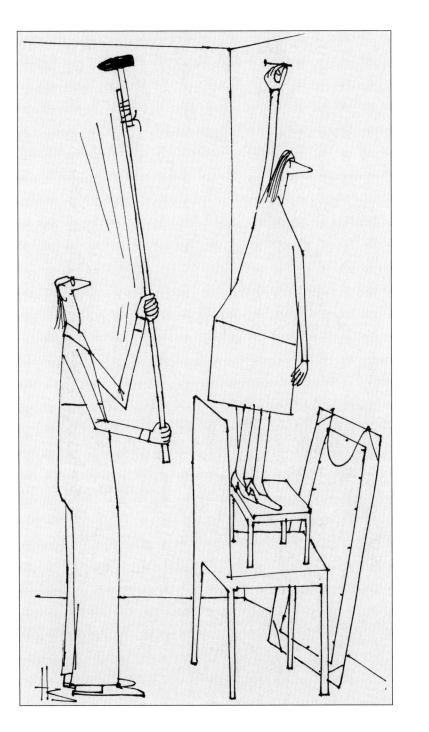

»Ach darum warst du plötzlich zwei Wochen weg!«

»Wesentlich billiger wird dadurch der Krankentransport nicht!«

Männer haben Phantasie ...

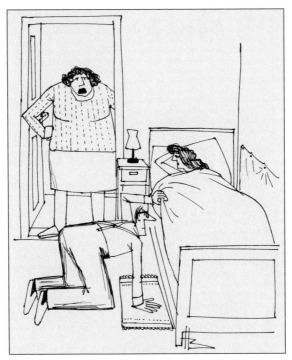

»Bei unserer Untermieterin habe ich die Ostereier natürlich nicht versteckt!«

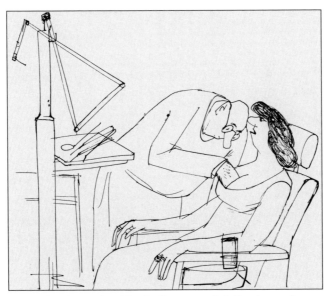

»Wie oft werden Sie die Krone noch fallen lassen?«

Männer sind so verletzlich ...

»Du hast wieder nicht an der richtigen Stelle gelacht!«

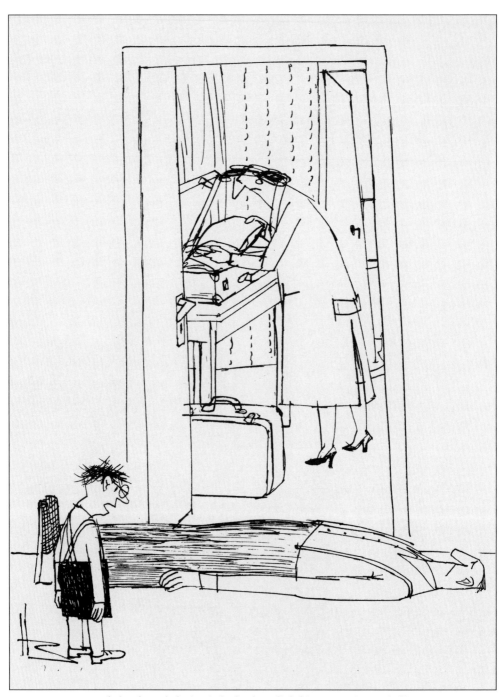

»Ich fürchte, daß sie einfach über dich hinwegsteigen wird!«

»Hast du kein Taschentuch?«

»Oh, entschuldige, ich hatte ganz vergessen,
daß jetzt deine Stuhlgangzeit ist!«

Männer haben's schwer ...

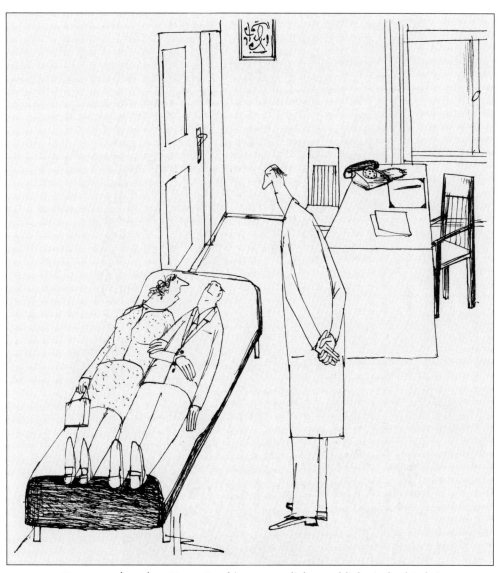

»Nun sag schon dem Herrn Psychiater, was dich angeblich niederdrückt!«

»Scheinaktivitäten sind das, was ich nicht ertrage!«

»Alles schön und gut, aber irgendwie passen Sie nicht zu meiner Polstergarnitur!«

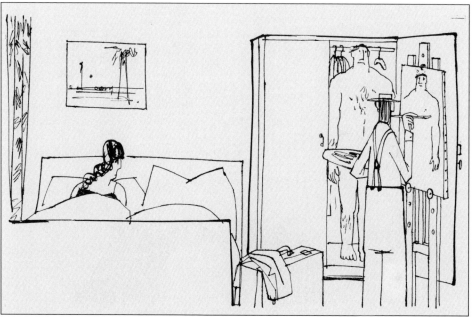

»Scheint also doch zu stimmen, daß Sie schwul sind!«

»Es will mir einfach nicht einfallen,
welche Stelle an dir ich am meisten liebe!«

»Heute hast du wieder 10 Gramm Dreck mehr reingeschleppt!«

»Und warum liebst du mich nicht mehr?«

Männer sind gern allein ...

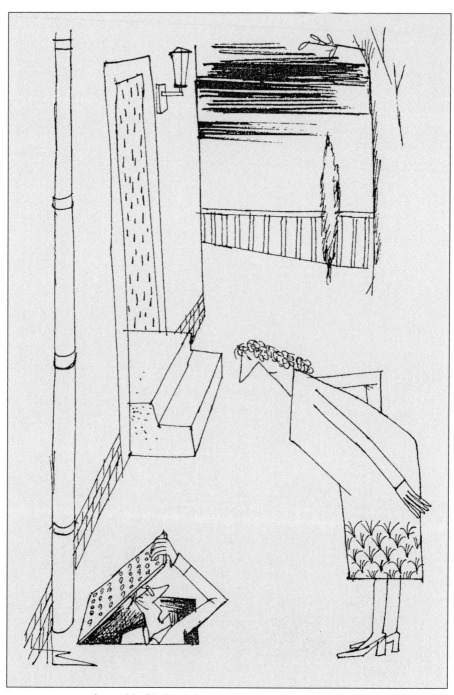

»Man hat schließlich auch mal das Bedürfnis, alleine zu sein!«

»Nanu, du wolltest doch heuer Weihnachten gar nicht feiern?«

»Nein, du gehst dort rein, ich möchte mal ein paar Sekunden allein sein!«

Männer sind unersetzlich ...

»Ich habe gesagt: fünf Tropfen und nicht sechs!«

»Moment mal, das ist Männerarbeit!«

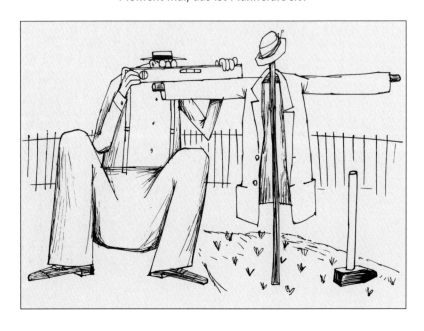

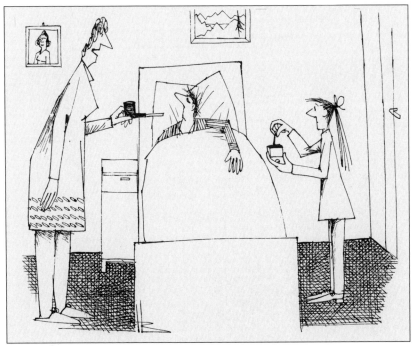

»Achtung, gleich wacht er auf!«

»Es geht ja nicht nur um mich, denk doch auch an unsere Kinder!«

»Was hast du doch für eine dumme und nutzlose Nase!«

Männer werden niemals alt ...

»Vergiß nicht, daß er dein Vater ist!«

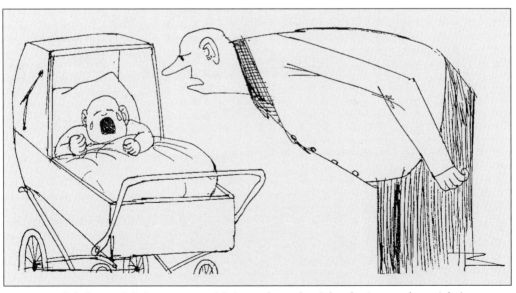

»Ich habe auch keine Haare und keine Zähne, aber ich schreie trotzdem nicht!«

»Ja, Papa, es hat eben nicht jeder soviel Energie wie du!«

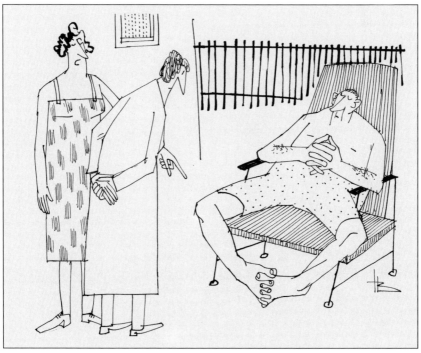

»Das hat er sich erst als Rentner angewöhnt!«

»Guckt mich an; achtzig bin ich und noch nicht ein einziges Mal straffällig geworden, nicht ein einziges Mal…!«

Zur Biografie

Mein Zurweltkommen ereignete sich 1928 im sächsischen Wittgensdorf. Das Phänomen des sächsischen Dialekts hat mich bis heute nicht gehindert, einigermaßen zufrieden in Wittgensdorf auszuharren. Ein Reisebedürfnis ist bei mir nicht vorhanden. Auch auf das Erlebnis der militärischen Einberufung Anfang Januar 1945 hätte ich gut verzichten können.
Wenn ich mich richtig erinnere, besuchte ich acht Jahre mit geringer Begeisterung die Volksschule. Meine kindlichen Berufswünsche schwankten zwischen Förster, Bauer und Kunstmaler. Erlernt habe ich dann nur Plakatmaler und Schaufenstergestalter. Nebenher liefen künstlerische Bemühungen etwa in der Art von Edward Munch und Alfred Kubin. Auf die Idee, Karikaturen zu zeichnen, wäre ich wahrscheinlich nicht selbst gekommen; das hat mir ein Kollege empfohlen. Meine erste Karikatur wurde 1954 im *Eulenspiegel* veröffentlicht und seit 1959 bin ich Freiberufler.
Mein Verhältnis zur ehemaligen DDR war zwiespältig, aber mein Verhältnis zur gegenwärtigen Bundesrepublik ist kaum anders. Daß ich seit zwei Jahren

nicht mehr zeichne, hat allerdings mit Politik nichts zu tun. Lesen, Gartenarbeit und Spazierengehen schließen jede Langeweile aus. Als Gesellschaft genügt mir meine Familie.

Wittgensdorf im Januar 2001

PS. Motto für das Buch:
Für das Leben auf dieser Welt sind wahrscheinlich Frauen besser geeignet als Männer. Ob man das als Kompliment auffassen kann, ist jedoch fraglich.

Bücher von Henry Büttner im Eulenspiegel Verlag:

Humor aus linker Hand, 1958
Scherzo curioso, 1965
Der Mann mit dem runden Hut und andere kuriose Leute, 1973
Mahlzeit!, 1979
Gesellschaftsspiele, 1980
Unsere Menschen in Protzendorf, 1981
Unsere Hausherren von morgen, 1985
Das gute Beispiel, 1988
Immer FESTE feiern, 1989
Das dicke Büttner-Buch, 1995

13 Fragen an Henry Büttner

1. **Wie viele Zeichnungen haben Sie bis jetzt gemacht?**
   Etwa 21523.
2. **Welche Cartoon-Zeichner schätzen Sie besonders?**
   Paul Flora, Gerhard Haderer, Beck.
3. **Welche Person wäre für Sie Vorbild?**
   Keine. Die großen Vorbilder sind mir zu groß.
4. **Ihre Lieblingsbücher?**
   Thomas Mann: Der Zauberberg; Fjodor Dostojewski: Die Brüder Karamasow; Knut Hamsun: Das letzte Kapitel.
5. **Ihr letzter Film im Kino?**
   Das weiß ich nicht mehr, das liegt 40 Jahre zurück.
6. **Ihr Lieblingsessen?**
   Käse, Makkaroni.
7. **Ihr Lieblingsgetränk?**
   Milch.

8. **Was können Sie kochen?**
   Nichts. Ich versichere, daß ich nicht stolz darauf bin.
9. **Welches Tier wären Sie gern?**
   Keines. Man bedenke den Fortpflanzungszwang.
10. **Was würden Sie nie tun?**
    Übermäßig lachen.
11. **Wovor haben Sie Angst?**
    Vor dem weiteren rasenden Fortschreiten der Modernität.
12. **Was oder wer möchten Sie sein, wenn Sie nicht der wären, der Sie jetzt sind?**
    Eine Märchenfigur mit Tarnkappe.
13. **Was wären ihre letzten Worte und was würden andere über Sie sagen, wenn Sie tot sind?**
    Naja!

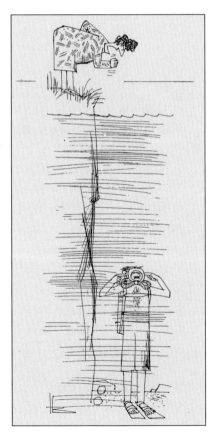

»Zum Lesen hast du doch im Alter Zeit!«

ISBN 3-359-01402-2
2. Auflage
© 2001 Eulenspiegel · Das Neue Berlin
Verlagsgesellschaft mbH & Co. KG
Rosa-Luxemburg-Str. 39, 10178 Berlin
Herausgeber: Rolf Lonkowski/Andreas Prüstel
Gesamtherstellung: Salzland Druck, Staßfurt